AF273318

LA RUPTURA

Ramón González Férriz (Granollers, Barcelona, 1977) es editor y periodista. Escribe sobre política y cultura en *El Confidencial*, es consejero editorial de la consultora LLYC y dirige el pódcast *El futuro de las ideas* para el Center for Economic Policy de la escuela de negocios Esade (EsadeEcPol). Anteriormente, fue editor asociado de la revista *Política Exterior*, director del semanario *Ahora* y responsable de la edición española de la revista *Letras Libres*.

Es autor de los libros *Los años peligrosos. Por qué la política se ha vuelto radical* (2024), *La trampa del optimismo. Cómo los años noventa explican el mundo actual* (2020), *1968. El nacimiento de un mundo nuevo* (2018) y *La revolución divertida* (2012), todos ellos publicados en Debate.

RAMÓN GONZÁLEZ FÉRRIZ

LA RUPTURA

El fracaso de una
(re)generación

EN DEBATE

Papel certificado por el Forest Stewardship Council®

Primera edición en este formato: septiembre de 2024

© 2021, Ramón González Férriz
© 2021, 2024, Penguin Random House Grupo Editorial, S.A.U.
Travessera de Gràcia, 47-49. 08021 Barcelona

Diseño de la colección: PRHGE / Nora Grosse

Printed in Spain – Impreso en España

ISBN: 978-84-19951-55-7
Depósito legal: B-10.379-2024

Compuesto en La Nueva Edimac, S. L.
Impreso en Artes Gráficas Huertas
Fuenlabrada (Madrid)

C 9 5 1 5 5 7

Para Jorge, Kiko, Nacho, Álvaro y Juan,
por mantener la cordura en la conversación

Índice

Por lo que respecta a mis propios asuntos, no sé qué plan adoptar, y no dudo de que te preocupa la misma cuestión. Tengo vínculos de obligación y amistad con esa gente. Porque es la causa, y no los hombres, lo que me desagrada.

Carta de CELIO a CICERÓN, 14, 8

En política, las historias más espectaculares son las de quienes cambian de bando. Muchas de las grandes tragedias de la literatura –desde *Julio César* de William Shakespeare hasta *Las ilusiones perdidas* de Honoré de Balzac– son las de aquellos que traicionan sus antiguas creencias, y a sus antiguos aliados, para pasarse al otro lado, sea por intereses personales o por motivos ideológicos, aunque ambos suelen ir juntos. El siglo XX estuvo dominado por conversiones dramáticas determinadas por la Guerra Fría. En España, la política democrática ha estado muy marcada ideológicamente por luchadores antifranquistas pertenecientes a diversas formaciones de izquierdas que se pasaron, en distinto grado, a la moderación o al conservadurismo. Un rasgo habitual entre quienes abandonan la izquierda por la derecha es una arraigada creencia en que ellos apenas han cambiado sus principios; que ha sido la izquierda quien los ha perdido o vendido. Se suele atribuir (falsamente) a Ronald Reagan, uno de los grandes conversos de su época, la frase: «Yo no abandoné al Partido Demócrata: el Partido Demócrata me abandonó a mí». El rasgo principal de quienes abandonan la derecha por la izquierda es que son muy pocos.

La historia que cuento aquí no es esa.* En primer lugar, es mucho menos dolorosa que las grandes rupturas provocadas por acontecimientos que tienen un impacto real en la historia: una revolución cultural como la de

* Este libro se publicó originalmente en abril de 2021, en el sello digital Flash. En esta nueva versión he actualizado algunas de las historias y corregido erratas, pero no he alterado nada sustancial del texto.

los sesenta; el fin de las revoluciones políticas tras el fracaso del comunismo soviético y más tarde la caída de este; la creación de una democracia moderna en la España posterior a la Transición. Nada de lo que aquí se trata es comparable a eso. La ruptura que cuento –pacífica, discreta, inadvertida para casi todo el mundo– no se produjo por motivos ideológicos. Al menos, no es ese su origen.

Porque, en esta ruptura, gran parte de sus protagonistas apenas se movieron ideológicamente de sitio. Si imaginamos el espectro político como una línea horizontal, en cuyo extremo izquierdo están los miembros de un partido comunista que defiende que la economía nacional esté planificada por el Estado, y en cuyo extremo derecho se hallan los conservadores libertarios partidarios de reducir al mínimo el Estado y desregular al máximo la economía, todos se quedaron más o menos en el mismo sitio: más cerca del centro, fuera por la izquierda o por la derecha, que de los extremos. Algo parecido podríamos decir si esa línea reflejara distintas posiciones sobre otros temas, como las cuestiones morales o sexuales, o de simpatía por la Unión Europea, o la percepción del nacionalismo vasco y catalán: también en esos aspectos todo el mundo siguió, más o menos, en el mismo lugar en el que estaba antes de la ruptura. Al menos al principio.

El 4 de marzo de 2016, Santos Juliá publicó un artículo en el semanario *Ahora* titulado «Romper con la vieja política». En las elecciones generales de diciembre de 2015, el Partido Popular había sido la formación más votada, pero, tras la entrada en el Congreso de Podemos y Ciudadanos, la investidura de un presidente requería una coalición inédita en la democracia española. Ni los partidos de centroizquierda y de izquierda, incluso con la suma de los nacionalistas catalanes y vascos, ni los de centro y derecha disponían por sí mismos de una mayoría. Aun así, después de tres meses de negociaciones, el Partido Socialista y Ciudadanos habían alcanzado un acuerdo para la investidura de Pedro Sánchez. A última hora, Albert Rivera había exigido cinco pactos –la supresión de los aforamientos, la facilitación de las iniciativas legislativas populares, la despolitización de la justicia, la supresión de las diputaciones y la limitación de mandatos para el presidente– y el líder del PSOE las aceptó.

Detrás de esas exigencias finales, sin embargo, había un programa mucho más sofisticado en materia económica, fruto de la negociación entre los equipos de ambos partidos, que habían llegado a puntos de encuentro con recetas que mezclaban la socialdemocracia clásica con elementos reformistas. Uno de los negociadores del PSOE fue Jordi Sevilla, que en su libro *Vetos, pinzas y errores. ¿Por qué no fue posible un gobierno del cambio?* afirmó que «las relaciones personales con el equipo negociador de Ciudadanos [...] eran buenas y de confianza mutua creciente». Los asuntos a los que dedicaron más tiempo, dice Sevilla, fueron la consolidación presupuestaria, la reforma fiscal y la derogación de la reforma laboral del PP; llegaron a acuerdos en los tres aspectos, afirma, y le sorprendió lo sencillos que fueron otros debates. En total, fueron dos semanas de «intensas negociaciones» y se alcanzó un acuerdo resumido «en un texto de sesenta y seis páginas que contenían más de doscientas medidas de cambio y de reformas».[1] Toni Roldán estaba entre los representantes de Ciudadanos. «La negociación fue excelente. Los equipos negociadores eran muy serios», me dijo. «Había diferencias, pero compartíamos que algunas cuestiones requerían medidas agresivas. Era una etapa en la que genuinamente había un interés regenerador. Fue una negociación en la que todos hablábamos el mismo lenguaje».

Al anunciar el acuerdo, Sánchez afirmó que «estamos a las puertas de un pacto entre dos fuerzas políticas relevantes, del centroderecha y del centroizquierda, y será una buena base para liderar una política de cambio».[2]

«Se ha calificado de acuerdo teatral, de claudicación, de fantochada –escribía Juliá en "Romper con la vieja política"– y, sin embargo, el pacto que han firmado socialistas y Ciudadanos se sitúa en la única dirección posible para romper el bloqueo al que nos había empujado la alegre irresponsabilidad con la que partidos que están muy lejos de haber alcanzado la mayoría absoluta trazaban sus líneas rojas», decía, en referencia a la negativa de Podemos y el PP a desencallar la situación apoyando ese plan de investidura. El pacto podía tener una importancia que iba más allá de la coyuntura política causada por el resultado electoral. Era un acuerdo «entre una fuerza política de centroderecha y otra de centroizquierda», o «entre liberaldemócratas y socialdemócratas, si lo decimos con los términos de una tradición más que centenaria», decía Juliá. «Ni los socialdemócratas a estas alturas de su historia pueden dejar de ser también liberales, ni los liberaldemócratas pueden dejar de ser sociales. Es cuestión de énfasis o de acentos en políticas sobre las que siempre es posible alcanzar pactos de investidura, de legislatura o de coalición». Eso debía ser no solo posible, sino normal. Pero, en muchos sentidos, era la primera vez que ocurría en España.[3]

Y solo sucedió de manera tentativa. Como es sabido, ni Podemos ni el PP apoyaron la investidura de Sánchez, por lo que el pacto no llegó a materializarse más allá de la declaración de intenciones. Ante la imposibilidad de investir a un presidente, se celebraron unas nuevas elecciones en junio de 2016; el PP volvió a ganar y tanto el PSOE como Ciudadanos perdieron votos. En octubre, Mariano Rajoy fue investido presidente gracias al apoyo del partido de Albert Rivera y a la abstención de buena parte del PSOE; solo quince de sus diputados votaron en contra. Previamente, Sánchez, que se negó a investir a Rajoy, había renunciado a su puesto como secretario general del PSOE.

Yo tenía un interés especial en la posibilidad de un pacto entre socialdemócratas y liberales. Me identificaba con el punto de encuentro entre esas dos ideologías que, como afirmaba Juliá, en la práctica ya están muy imbricadas. Y, como decía, además ese Gobierno podía suponer una novedad en la historia de España, al crear un nuevo espacio liberal ligeramente escorado hacia la izquierda. Una posición que, si bien durante las primeras décadas de democracia había representado en parte el PSOE, por sí misma había salido mal de manera reiterada. Así había ocurrido siempre, desde la Unión Liberal a mediados del siglo XIX, pasando por los experimentos centristas de Alejandro Lerroux y Niceto Alcalá-Zamora en los años treinta, hasta el fracaso del Centro Democrático y Social y la práctica inexistencia de un partido centrista viable e influyente en las últimas tres décadas. Pero también me interesaba porque la existencia de ese pacto pondría en duda la creencia –que, si bien tenía raíces históricas, contenía un cierto fatalismo– de que en España era imposible articular una mayoría centrista. En realidad, esa clase de acuerdo es difícil en todas partes y con frecuencia allí donde se intenta acaba mal. Incluso aunque no terminara bien, un pacto entre el PSOE y Ciudadanos significaría que era posible.

Aparte de la urgencia política del momento, de la novedad histórica que pudiera representar y de mis afinidades ideológicas, yo tenía razones personales para desear un Gobierno así. O, más bien, razones generacionales. Estaba viendo cómo a mi alrededor se creaba un grupo de personas más o menos de mi generación, entre veinticinco y cuarenta años, que, aunque entonces estaban muy lejos del poder y de los puestos de decisión en universidades, periódicos o empresas, creía que podían aportar una especie de base intelectual a esa forma de modernización.

Es difícil saber si en aquel momento los miembros de este grupo informal se veían a sí mismos de esa manera. La mayoría no tenían una filiación política explícita y seguramente muchos no se habrían sentido identificados como ideólogos júniors de esa hipotética alianza entre socialdemócratas y liberaldemócratas; otros lo habrían negado, porque creían que la solución a los problemas políticos y económicos de España se situaba mucho más a la izquierda. Algunos acababan de dar el paso de escribir en blogs a hacerlo en revistas o en la prensa nacional. En varios casos, sus puestos universitarios eran aún inestables. Otros apenas habían comenzado una carrera política profesional como asesores parlamentarios o diputados. Estábamos también quienes habíamos pasado de publicaciones pequeñas a otras algo más grandes; de simples redactores a directivos o corresponsales de periódicos, o de editores a responsables ejecutivos en grandes editoriales. Algunos habíamos publicado un primer libro. Nuestra vida profesional estaba entrando en una nueva fase.

En aquel momento, a fin de cuentas, todos pertenecíamos a una especie bastante común en Madrid y en todas las capitales: aspirantes a ocupar lugares relevantes en el debate público, a impulsar sus ideas y a ganarse la vida con ello. No creo que fuéramos ingenuos: algunos éramos lo bastante viejos y los jóvenes, por lo general, lo suficientemente listos como para no hacernos ilusiones excesivas. Es probable que comprendiéramos el funcionamiento del mundo algo peor de lo que creíamos. Y, sin duda, sobreestimamos nuestra capacidad de influir en él. En todo caso, existía entre nosotros –un grupo con algunas amistades estrechas, pero la mayoría superficiales– una cierta unidad de propósito que, como es lógico, incluía intereses y ambiciones personales. Creíamos que las cosas se podían hacer de manera distinta a como las hicieron nuestros predecesores, la generación de la Transición, que nos parecía que había ocupado puestos relevantes de la política, la universidad y el periodismo durante demasiado tiempo. No pensábamos que nosotros fuéramos a hacerlo necesariamente mejor –y esto nos distinguía de otros grupos similares en España, sobre todo a nuestra izquierda, que se creían investidos de una superioridad moral con respecto a sus predecesores–, sino solo de forma más moderna. Se había abierto una ventana de oportunidad: si otras generaciones habían quedado marcadas política y moralmente por la Transición o, en el plano europeo, por la caída del Muro de Berlín, la nuestra consideró que, con todas las diferencias, la crisis financiera y la enorme crisis política posterior suponían una ocasión única para reformar algunos aspectos de la vida pública española.

En ese sentido, como en muchos otros, lo que le sucedió a ese grupo informal de amigos en la primavera de 2018 fue un anuncio de lo que más tarde le ocurriría a la población española en general. En un estudio publicado en octubre de 2020, Luis Miller, científico titular del Consejo Superior de Investigaciones

Científicas (CSIC), aportó pruebas de que los españoles están mucho más divididos por cuestiones de ideología e identidad que por medidas políticas concretas. Se identifican de manera muy clara como de izquierdas o de derechas, como nacionalistas periféricos o como centralistas, pero apenas discrepan con respecto a asuntos como los servicios públicos, entre ellos la sanidad pública, y solo algo más en temas tan centrales de la política como los impuestos y la inmigración.[4] Eso fue lo que nos pasó: pasamos a discrepar identitariamente. Miller lo llama, con un término de la ciencia política que se adapta a la perfección a nuestra situación, «polarización afectiva».

Como decía, esta historia no es la de un cambio de bando doloroso, sino la de cómo descubrimos el potencial maligno de lo que con cierta sofisticación se llama «política posicional» y en términos más llanos es la simple tendencia a atacar de manera sistemática a tu adversario y rehuir toda coincidencia con él. Es el relato de cómo ese grupo de amigos se volvieron, sin necesidad de cambiar mucho, adversarios. Y la razón, al menos al principio, no fue estrictamente ideológica. El motivo principal fue el poder. La ruptura no se produjo en 2016, cuando desapareció, al menos por un tiempo, la posibilidad de que el PSOE y Ciudadanos gobernaran juntos, de que la socialdemocracia y el liberalismo desplegaran un programa conjunto que pudiera acabar con los numerosos fracasos del centrismo en la historia de España. Tampoco tuvo lugar en los dos años posteriores, cuando un Gobierno de Rajoy con escasa capacidad de acción recibió con frecuencia el apoyo de Ciudadanos. Entonces, su líder, Rivera, ya empezaba a pensar, vista la sucesión de escándalos que estallaban en el PP –del caso Bárcenas a la corrupción de numerosos altos cargos de los gobiernos regionales de Madrid y Baleares–, que su objetivo a medio plazo no era pactar con el PSOE, sino sustituir al PP como principal partido del centroderecha español. La ruptura se produjo, en cambio, cuando el PSOE llegó al poder sin la ayuda de Ciudadanos, en la moción de censura de la primavera de 2018. Una parte relevante de los miembros de ese grupo informal no solo celebró que el PSOE volviera al poder, sino que muchos de ellos se incorporaron al Gobierno con cargos en la Moncloa o en distintos ministerios. Otra parte relevante de ese grupo informal no solo lamentó que el PSOE llegara al poder gracias al apoyo de partidos nacionalistas e independentistas vascos y catalanes, además de Unidas Podemos, sino que estaba convencida de que esos puestos podrían haber sido suyos. Que unos tuvieran el poder y otros no o, en general, que unos estuvieran cerca de él y otros no provocó un tribalismo general que nadie habría creído posible solo unos meses antes. Todo se volvió posicional.

Miguel Aguilar, responsable de varias editoriales del grupo Penguin Random House, y yo empezamos a celebrar nuestras comidas en 2012, poco después del 11 de septiembre en el que arrancó lo que luego llamaríamos «el *procés*». Nos reuníamos cada cierto tiempo, cuando yo estaba en Barcelona o él en Madrid, e invitábamos a alrededor de una docena de personas que no siempre eran las mismas: venían, por lo general, políticos, periodistas, politólogos o economistas, más o menos de nuestra generación. En las comidas se respetaban las llamadas «reglas de Chatham House»: todo el mundo podía hablar libremente; una vez fuera, los presentes podrían citar lo oído allí, pero no decir quién lo había dicho (Chatham House es un *think tank* londinense que creó esta norma para que quienes participaban en sus encuentros hablaran con total libertad y no tuvieran problemas con su empresa, medio o partido). Eran comidas divertidas e intrascendentes, lo contrario de una conspiración, y se parecían a tantas otras que se celebran en Madrid y Barcelona. Los participantes estábamos, por lo general, en un segundo plano de la vida pública. Casi nadie era conocido fuera del reducido círculo de nuestro trabajo, o al menos no lo era todavía. En los sucesivos encuentros hubo gente de distintos partidos políticos, de diferentes periódicos, radios y televisiones, y de distintas ideologías. Pero los invitados más recurrentes y los propios organizadores estábamos muy cerca del centro –quizá con cierta tendencia al centroizquierda– y sentíamos poca simpatía por el independentismo catalán. Ese era el tono ideológico más presente en la mesa; y los políticos que asistían eran sobre todo del PSC/PSOE y de Ciudadanos, aunque también venía con frecuencia gente afín al PP y, a partir de 2014, a Podemos. En muchos sentidos, la razón principal por la que Aguilar y yo organizábamos las comidas era porque el *procés* nos provocaba, además de un malestar político, una especie de angustia física que la compañía desenfadada y el vino atenuaban.

No era, por supuesto, el único espacio en el que socializaba ese grupo de personas del que hablo. Algunos nos veíamos en los actos informales organizados por Politikon (un grupo de científicos sociales que se dio a conocer con el blog del mismo nombre fundado en 2010) en pubs y bares. Coincidíamos, además, con los miembros de *Agenda Pública* y *Piedras de Papel*, dos blogs creados en 2012 que al principio estuvieron vinculados a *elDiario.es*, nacido también ese año, cuyo propósito era divulgar los hallazgos de las ciencias sociales y analizar la crisis económica con datos. A partir de 2014, asistimos a las cenas en restaurantes asturianos que organizaba Pedro Herrero, entonces asesor de UPyD y más tarde de Ciudadanos, donde nos reuníamos hasta treinta personas. Después, Herrero crearía un grupo de WhatsApp multitudinario con los asistentes a esas cenas llamado «Cachopos», en el que se discutía, a veces con dureza, sobre política, y en esencia sobre política catalana. Nos publicábamos mutuamente en los medios donde trabajábamos: algunas personas de este entorno que luego tendrían cargos relevantes en Moncloa publicaron en el semanario *Ahora*, que yo dirigía desde 2014. Ese mismo año, los periodistas María Ramírez y Eduardo Suárez abandonaron *El Mundo* para fundar como subdirectores *El Español*, periódico para el que ficharon al reportero Jordi Pérez Colomé, que había obtenido cierta notoriedad con el blog *Obamaworld*, y a Kiko Llaneras, entonces profesor de ingeniería en la Universidad de Girona y miembro de Politikon, que al año siguiente se iría a vivir a Madrid, al igual que Jorge Galindo, sociólogo y también miembro de Politikon. Más tarde, Llaneras sería fichado por *El País* para hacer periodismo de datos y Pérez Colomé como reportero; Galindo, junto con otros politólogos y científicos sociales como Sandra León o Víctor Lapuente, acabaría escribiendo en *El País*, la mayoría en la sección de opinión que Nacho Torreblanca, antes director del Consejo Europeo de Relaciones Exteriores (ECFR, por sus siglas en inglés), empezó a dirigir en abril de 2016. Daniel Gascón, que me sustituyó al frente de la revista *Letras Libres* cuando yo me marché a *Ahora,* también publicó en ella a varias de estas personas, entre ellas Aurora Nacarino-Brabo, más tarde asesora y diputada por Ciudadanos. Nos veíamos en las presentaciones de libros de editoriales como Debate o Deusto, o más tarde en las de *Letras Libres*, y a veces algunos participábamos en ellas. Coincidíamos además en otros actos públicos, como una mesa redonda de la universidad de verano de Ciudadanos en la que Roldán invitó a participar a Máriam Martínez-Bascuñán, Llaneras, León, Manuel Muñiz –más tarde secretario de Estado de España Global– y que yo moderé; y otros organizados por Societat Civil Catalana o la Fundación Hay Derecho. Y, por supuesto, estaban las reuniones en restaurantes o domicilios privados, que fueron frecuentes a partir de 2015. Ese año tuvo lugar una de las más concurridas y elocuentes de ese momento de cambio en el que aparentemente nos encontrábamos. Fue en casa de Ramírez y Suárez, en la celebración del cumpleaños de él, a pocos meses del lanzamiento de *El Español*. Ahí estuvieron buena parte de los miembros de Politikon, muchos periodistas de *El Español*, pero también de *El Confidencial* o *El País*, y el recién nombrado director de *El Mundo*, David Jiménez, que fue recibido con excitación en la terraza porque poco antes se había sabido que una de sus primeras decisiones en el cargo había sido despedir al columnista Salvador Sostres. Yo pasé una buena parte de la noche intentando explicarle a Enrique Dans, profesor de la IE Business School y en aquel momento uno de los pensadores más visibles sobre la digitalización y los medios en internet, por qué tenía sentido lanzar un nuevo medio de comunicación en papel como *Ahora* (no le convencí). Habría comidas en mi casa y fiestas de cumpleaños en la de Nacarino-Brabo. A principios de 2018, esta y el diplomático y escritor Juan Claudio de Ramón nos encargaron a muchos de nosotros un ensayo breve para el libro *La España de Abel*, que publicó la editorial Deusto, dirigida por Roger Domingo. «En tiempos en los que es fácil dejarse llevar por el derrotismo, hemos creído importante alzar la voz y decirnos la verdad –dirían luego en el prólogo del libro, que fue escrito mientras una buena parte de este grupo seguía manteniendo una relación estrecha pero se publicó después de la moción de censura–: que vivimos no solo en un país normal, sino en un buen país, un país que, sin negar ninguno de sus problemas, posiblemente sea uno de los mejores sitios del mundo donde poder haber nacido en el último tercio del siglo xx».[5]

En todo caso, las «comidas catalanas» eran uno de tantos sitios en los que coincidíamos, cooperábamos y tratábamos de forjar –no sé si de forma consciente– una manera común de entender qué implicaba la reforma no solo de la política española, sino del periodismo o las ciencias sociales. En este último ámbito, la obsesión eran las *policies*, es decir, las medidas políticas de carácter técnico –en materia de educación infantil, política territorial, legislación laboral o gestión de las administraciones públicas– que había que priorizar frente a los viejos vicios de la política tradicional del PSOE y el PP; más tarde –ante su fracaso– acabaríamos convirtiendo este término en una broma y una parodia de nosotros mismos. La idea era tecnificar la política, analizarla de acuerdo con principios probados científicamente, comunicarla de una manera más profesional y rehuir los vicios del partidismo y las peleas a garrotazos. Roldán, que se estrenó como diputado nacional en 2015, creó un equipo de asesores parlamentarios que compartía muchas de estas posiciones y cuyos miembros, en algunos casos, provenían de grupos como Politikon y la gente de su entorno. Por lo que respecta al periodismo, lo que necesitábamos eran datos, gráficos, artículos basados en textos o fuentes académicas; unos medios donde escribieran menos novelistas y más reporteros y en los que, de manera tácita, los periodistas reconociéramos nuestra dependencia tanto de las ciencias como del reporterismo clásico y nos esforzáramos por no ser partidistas. Así intenté transmitirlo yo en *Ahora*, junto a mi obsesión por que el semanario estuviera escrito en una prosa sin barroquismos, funcional y nada literaria. Incluso los que teníamos una formación humanística sentíamos que necesitábamos esas herramientas para entender el mundo de la poscrisis financiera y la aparición de nuevos partidos políticos. Quienes escribíamos, y seguiríamos escribiendo en el futuro, como columnistas de opinión, nos veíamos a nosotros mismos más como analistas que como los viejos opinadores identificados con un partido. Todo eso cambiaría, mucho o poco, a medida que fuéramos ejerciendo responsabilidades y entrando en contacto con el funcionamiento real del mundo.

A partir de 2017, en las comidas catalanas, con el estallido de la crisis debida al referéndum ilegal en Cataluña y su repercusión dentro del país y en la percepción de este en el exterior –era habitual que invitáramos a corresponsales extranjeros–, las conversaciones dejaron de centrarse en la política catalana y fueron ya, simplemente, sobre política española porque, en muchos sentidos, era imposible distinguir entre ambas. Pero, a pesar de la angustia que en cierta medida todos sentimos en los momentos más duros del *procés*, y de que surgieran inevitables discrepancias entre los asistentes, nunca hubo mal ambiente. Nadie gritó jamás o salió del restaurante molesto por lo que se había dicho en la mesa. Al menos, así fue hasta la comida del 19 de junio de 2018.

Como teníamos por costumbre, yo había convocado por correo electrónico a la mitad de los asistentes y Aguilar había invitado a la otra mitad. Escribí el 11 de junio: «Queridos amigos, Miguel y yo hemos pensado celebrar otra de nuestras comidas catalanas. Esta vez será el martes 19 de junio, como de costumbre en La Ancha [un restaurante madrileño cercano al Congreso de los Diputados]. Ojalá podáis acompañarnos (confirmádmelo, porfa). Un abrazo». Cuando, mientras revisaba mi cuenta de correo para documentar esta historia encontré este mail, me sorprendió el tono anodino del mensaje. Hasta ese día, todas las comidas se habían celebrado durante el Gobierno del PP. Pero el 31 de mayo y el 1 de junio había tenido lugar la moción de censura que había derrocado a Rajoy y había hecho presidente a Sánchez. Aquello era una novedad y una sorpresa. En España nunca había triunfado una moción de censura y tampoco en esa ocasión había estado nada claro que fuera a suceder. Triunfó gracias a una amplia coalición circunstancial que incluyó del PSOE a Bildu, pasando por Unidas Podemos, ERC, PNV y PDCat, entre otros. Estos partidos se unieron para echar al PP del poder por su corrupción interna –días antes, la Audiencia Nacional había establecido la existencia de mecanismos de financiación ilegal dentro del partido–, pero también, probablemente, porque pensaban que un Gobierno socialista estaría más dispuesto a buscar una salida política al *procés*, algo a lo que el Ejecutivo del PP siempre se había negado. En todo caso, el tono de mi correo era anodino porque, absurdamente, al mandarlo no debí de pensar que la moción de censura iba a tener consecuencias en nuestras pequeñas comidas y nuestro grupo de relaciones sociales. Sin embargo, las iba a tener. Y ya fue evidente durante esa comida.

En esos mismos días, Soledad Gallego-Díaz había sido nombrada directora de *El País* en sustitución de Antonio Caño. Algunos de los periodistas de *El País* que solían acompañarnos en las comidas habían hablado mal de la línea del periódico bajo su dirección, que, creían, se acercaba demasiado al centrismo liberal, provocando incomodidad en una parte de la redacción. La llegada de Gallego-Díaz a la dirección les tenía entusiasmados y así lo expresarían durante la comida dos de ellos; la nueva directora no solo era muy respetada como una periodista inteligente e íntegra, además de progresista, sino que había nombrado adjunto a la dirección a Joaquín Estefanía, un periodista económico inequívocamente de izquierdas. El cambio también había provocado la salida de Torreblanca, que más tarde denunciaría que su despido era improcedente y motivado por razones ideológicas y ganaría el juicio. Le sustituyó Bascuñán.

Esa repentina satisfacción de la izquierda por el cambio de partido gobernante y de línea editorial de *El País* tenía una contrapartida: el enorme enfado de los amigos más liberales o centristas, que recelaban de esa gran coalición formada para la moción de censura, que de alguna manera habría que mantener viva para que el Ejecutivo pudiera gobernar mínimamente, pero sobre todo de quienes formaban parte de la estructura de Ciudadanos. El partido presidido por Rivera se había puesto del lado del Gobierno del PP y había votado en contra de la moción. Había exigido, como había hecho con anterioridad, que se celebraran elecciones de inmediato. Tenía motivos para hacerlo: solo dos semanas antes de la moción de censura, *El País* publicó una encuesta de Metroscopia que reflejaba que «la formación liderada por Albert Rivera seguiría siendo con gran diferencia el partido más apoyado si hoy se celebrasen elecciones generales, con el 29,1 % de los votos».[6] De haberse convocado entonces elecciones, pues, es probable que Ciudadanos hubiera sido el partido más votado y que hubiese dirigido la formación de Gobierno; Rivera habría sido su presidente y varios de nuestros amigos habrían dejado sus puestos de asesoría en el Congreso de los Diputados o en los órganos de comunicación del partido para incorporarse a puestos del Gobierno, o habrían compatibilizado su escaño con un alto cargo ejecutivo. Durante semanas, habíamos bromeado acerca de esa posibilidad, sobre qué deseaba cada uno y qué suerte tendría. Pero la moción acabó con esa oportunidad inmediata. Y se notó en su ánimo.

A la comida del 19 de junio se sumaría, invitado por uno de los asistentes habituales, un alto cargo de una cadena de televisión, un presentador catalán célebre por sus denuncias contra la corrupción del PP y su defensa, en un programa de gran audiencia, de los postulados de la izquierda; no defendía el independentismo, pero se sentía más comprensivo con él, probablemente, que cualquiera de quienes nos sentábamos a la mesa. En la comida, en la que le dimos un cierto protagonismo –cosa que en ocasiones hacíamos con los invitados no habituales, o si alguien era experto en algún tema que nos interesaba o disponía de información que los demás no teníamos–, se mostró entusiasmado por el nuevo Gobierno y afirmó que veía cómo se abría una ventana de esperanza para solventar el problema político de Cataluña. No recuerdo mucho más de aquella comida, salvo la sensación de euforia que transmitían los asistentes más de izquierdas –era como si el regreso del PSOE al poder y de una línea editorial más izquierdista a *El País* supusiera una oportunidad para solucionar los problemas políticos que España arrastraba desde el estallido de la crisis financiera–, mi escepticismo y el claro mal humor de algunos de los asistentes. Creo recordar que no le di más importancia.

Hasta que, diez días más tarde, Aguilar me llamó para preguntarme qué opinaba del artículo que Jorge San Miguel, asistente habitual a las comidas y antiguo miembro de Politikon, que había asesorado a Roldán cuando fue candidato en 2016 y entonces formaba parte del grupo de asesores parlamentarios de Ciudadanos, había escrito en el periódico digital en el que solía colaborar, *The Objective*. Allí había contado la comida, sin dar nombres, pero insinuando quién era el presentador de televisión y, sobre todo, poniendo distancia con el resto de los asistentes, a los que llamaba, con un tono un tanto desdeñoso, «socialdemócratas». Sí, le dije a Aguilar, había leído el artículo y me había parecido un poco fuera de lugar, pero no me parecía importante. «Hasta me pusiste un "like" en Twitter», me dijo San Miguel entre risas cuando accedió a hablar conmigo para preparar este texto. Sin embargo, después de hablar con Aguilar lo releí. Y lo releí. Y dos años más tarde me di cuenta de que ese artículo fue la primera grieta entre nosotros, una grieta que luego crecería a una velocidad que en ese momento habría parecido imprevisible y que, vista con el tiempo, quizá fuera no solo inevitable, sino una gran lección sobre el funcionamiento del poder.

«Hace un par de semanas comí con unos amigos socialdemócratas. Tengo muchos amigos socialdemócratas. Casi todos de hecho –escribía Jorge–. Incluso yo mismo soy un poco, a mi manera, socialdemócrata». Era, decía, la primera comida que celebrábamos «tras la moción de censura y el advenimiento de esta nueva Era de Acuario socialdemócrata. De hecho, si la vez anterior nos habíamos reunido bajo anómalos reflejos anaranjados, esta vez la cosa adquirió por momentos tintes de *satyagraha* socialista». San Miguel se ponía sarcástico: «Piensan mis amigos socialdemócratas, [que] lo natural, como respirar, es que gobierne el PSOE, y mientras el PSOE, el Gobierno y determinados medios de comunicación estén alineados, nada malo puede suceder. Creen que un gobierno socialista se puede pasear por la línea de fuego como el coronel Kilgore sin que sobrevenga un percance, porque su manejo de las cosas es una proyección del orden fundamental del universo».

A San Miguel le molestaba el tono entusiasta por el cambio, y se temía que el Gobierno del PSOE, nacido de una mayoría tan heterogénea, hiciera concesiones al independentismo catalán. Las intervenciones de nuestro célebre invitado le parecían casi una profecía de que así sucedería. «Estábamos, como decía, sumidos en una cierta comunión de las almas buenas, cuando apareció de repente a la izquierda de la mesa y de la socialdemocracia un famoso periodista de televisión, que era el invitado sorpresa. Le tocó sentarse a mi lado y cruzamos algunas palabras con cordialidad [...]. Por lo demás, su discurso sobre Cataluña se ajustó perfectamente a lo esperable: tan perfectamente que en realidad me dieron más miedo mis amigos socialdemócratas que, salvo una excepción que yo recuerde, no le llevaron la contraria. El cambio de era los ha pillado compartiendo barco con esa izquierda del *pensiero debole* que nuestro invitado sorpresa encarna, y por el momento nadie quiere ser el aguafiestas». Mi vanidad retrospectiva me hace pensar que fui yo el socialdemócrata que llevó la contraria al invitado, pero no estoy seguro.

Además de su recelo por el entusiasmo y el giro previsible hacia la búsqueda de acuerdos con el independentismo en la política del Gobierno, San Miguel temía algo más. Los socialdemócratas, como él nos llamaba, no queríamos ser aguafiestas en un momento de optimismo generalizado en nuestro grupo y en la izquierda en general. Y por eso no decíamos nada ante el hecho de «que el rollito *wonkie* [empollón, obsesionado con cuestiones técnicas] que algunos quisimos promover en España no hace tanto, con atención a las políticas públicas y a los datos, parece haberse convertido de repente en un estorbo. Donde antes había dilemas y *trade-offs*, ahora hay "luchas complementarias"; las restricciones presupuestarias vuelven a ser cosa del pasado y, donde antes se pesaba la progresividad de las propuestas políticas con la severidad de un juez de ultratumba, ahora menudean las aproximaciones lakoffianas al manejo de los marcos y los tiempos por parte del gobierno. Véase mi ingenuidad: hasta ayer no me había dado cuenta de que nunca tuvimos que enfrentar la dialéctica de los numeritos a un gobierno "de progreso" en ejercicio». San Miguel terminaba con palabras que marcarían los dos años siguientes: «En fin, toda esta divagación era para decir que el chiste que nos están contando no me hace gracia, y que ya nos lo han contado otras veces y sabemos cómo acaba. Yo a mis amigos socialdemócratas los quiero mucho, pero precisamente porque los quiero no me viene en gana darles la razón cuando no la tienen».[7]

Este artículo, visto ahora, fue asombrosamente premonitorio. Casi todo lo que San Miguel se temía acabaría cumpliéndose, sobre todo a partir de la creación del Gobierno de coalición del PSOE y Unidas Podemos en 2019. Para eso hizo falta que se repitieran de nuevo las elecciones, lo que supuso una debacle absoluta del partido para el que él trabajaba, Ciudadanos. Las consecuencias de esa ruptura, que San Miguel había sido el primero en prever, empezaron a evidenciarse ese mismo año, en el verano de 2018.

Los nombramientos del Gobierno del PSOE se produjeron enseguida. Fue lo que Ignacio Varela llamó en *El Confidencial* un «Gobierno bonito», que mezclaba viejos políticos respetados, tecnócratas con experiencia europea y nombres reconocidos en asuntos tan dispares como la lucha judicial contra ETA, en el caso de Fernando Grande-Marlaska, el ministro del Interior, o los viajes al espacio, en el de Pedro Duque, ministro de Ciencia, Innovación y Universidades. Era un Gobierno aparentemente irreprochable. Después llegaron los nombramientos de varios amigos y conocidos. Tenían unas credenciales impecables en la academia y la consultoría, habían asesorado a gobiernos autonómicos o trabajado en instituciones internacionales; algunos también habían ejercido como activistas y utilizado sus conocimientos –en las ciencias sociales, sobre todo– para promover soluciones a problemas como la desigualdad, la pobreza infantil o los fallos del mercado de trabajo. Nadie podía reprocharles a sus superiores que hubieran elegido mal, ni a ellos que asumieran el cargo con la sensación de que aquello era un logro personal y la oportunidad de aportar sus conocimientos para mejorar el país. En cierto sentido, eran los continuadores de las viejas élites intelectuales del PSOE, y estaban preparados de sobra para serlo; si acaso, habían actualizado las viejas virtudes de esa élite y eran un poco más científicos y un poco menos partidistas.

Sandra León y Amparo González (científica titular del CSIC), ambas miembros de *Piedras de Papel*, se incorporaron al Alto Comisionado para la lucha contra la pobreza infantil, dirigido por Pau Marí-Klose (profesor de la Universidad de Zaragoza experto en pobreza); Álvaro Imbernón (Esade y ECFR) lo hizo a la oficina de la vicepresidenta Carmen Calvo; David Lizoain (colaborador de

Agenda Pública) entró en el Gabinete del presidente, como María Ramos; Borja Lasheras (ECFR, que en el 2017 había organizado un grupo en apoyo de la Unión Europea en el que habíamos participado muchos de nosotros) se incorporó al equipo de Moncloa del presidente, igual que el escritor de discursos Antonio García Maldonado y el economista Daniel Fuentes Castro; Nacho Corredor (Llorente y Cuenca) se convirtió en asesor de la nueva ministra Meritxell Batet; Áurea Moltó (subdirectora entonces de la revista *Política Exterior*) se incorporó con Irene Lozano al Alto Comisionado del Gobierno para la Marca España; Borja Barragué (*Agenda Pública*) fue nombrado asesor del Ministerio de Sanidad, Consumo y Bienestar Social; más tarde, Inés Calderón (periodista en Newtral y *El Objetivo* de Ana Pastor) y José Fernández-Albertos (científico titular del CSIC y editor de *Piedras de Papel*) se incorporarían al Ministerio de Inclusión, Seguridad Social y Migraciones.

Para algunos, fue un salto al poder repentino. Más allá de posibles discrepancias ideológicas, estaban cualificados para hacer su trabajo. Aunque sus cargos eran de designación política, los habían obtenido porque contaban con una carrera a sus espaldas. La forma de poder suave que la mayoría de ellos ostentaría a partir del verano de 2018 tenía que ver con producir información; iban a recurrir a estudios serios, a comparar hallazgos de la academia, a proponer decisiones basadas en datos, y todo eso influiría en los políticos. Por supuesto, todos tenían una ideología, pero, al menos en quienes procedían de la academia y de las ciencias sociales, esta pasaba por la promesa de respeto a los datos y la búsqueda científica de la verdad. De hecho, es probable que varios pensaran que su ideología era fruto directo de la observación científica; que la socialdemocracia no era más que la agregación de lo que los estudios más serios decían acerca de la sociedad, el dinero y el bienestar.

Sin embargo, esta no fue la percepción que muchos tuvimos una vez que asumieron sus cargos, incluso los que estábamos ilusionados con su llegada al poder. Esta impresión, sin duda, estaba influida por el lugar desde el que los observábamos: Twitter. Muchos nos habíamos conocido en esta red social, conversábamos con mucha más frecuencia por ella que cara a cara o por teléfono, y dábamos a conocer ahí nuestras ideas políticas, los artículos que escribíamos o, en el caso de los académicos, sus investigaciones. En muchas ocasiones, cuando finalmente nos encontrábamos en persona, nos sorprendía la sensación de conocernos bien sin habernos visto antes. Por supuesto, no éramos los únicos que pasábamos demasiado tiempo en Twitter, pero lo llamativo era que en nuestro caso había sido una herramienta para construir una reputación ante quienes considerábamos nuestros pares, la gente que respetábamos intelectualmente y que aspirábamos a que nos respetara. En ese sentido, Twitter nos había resultado muy útil: no solo habíamos entrado en contacto con información interesante, sino con personas valiosas que tal vez no habríamos conocido de otro modo. A algunos, que tenían decenas de miles de seguidores, les permitió consolidar su fama como analistas o periodistas. Por supuesto, aunque nos sirviera para esos fines, el propio funcionamiento de la red incentiva el enfrentamiento y la «polarización afectiva» de la que habla Miller. Y también sucedió así entre nosotros.

Se volvió habitual que, en chats privados o en grupos de WhatsApp, alguien, indignado o sarcástico, mandara un tuit de un viejo conocido para criticar su súbito sectarismo socialista o sus absurdas críticas al Gobierno. No mucho después, Herrero cerró el chat Cachopos, cuando las discusiones se volvieron mucho más agresivas y empezó a mezclarse la disputa ideológica con lo que, leído retrospectivamente, parecía hostilidad personal. Cuando el Centro de Investigaciones Sociológicas (CIS) se negó a seguir financiando la Encuesta Social Europea –una herramienta muy útil para los investigadores en temas sociológicos–, una de las personas que se había incorporado al equipo de Sánchez y que había utilizado Twitter como las demás, para promover sus investigaciones y sus ideas políticas, advertía a sus viejos compañeros en una conversación privada que con sus críticas en la red social perjudicaban al Gobierno y favorecían a sus adversarios. Y, por supuesto, hubo recriminaciones y discusiones públicas. Marí-Klose reprochaba a Llaneras que criticara en *El País* a José Félix Tezanos, el nuevo director del CIS nombrado por el Gobierno de Sánchez, por haber roto la continuidad de algunas series históricas del organismo. La cuenta de *Piedras de Papel* tuiteaba que, tras la desubicación que había sentido Ciudadanos con la moción de censura y la investidura de Sánchez, el partido se «recolocaba», en alusión al rumor no demostrado de que Rivera consumía drogas. Fernández-Albertos acusaba a Ciudadanos de recurrir a enunciados populistas y San Miguel le respondía que el verdadero populismo era el de los independentistas en los que se apoyaba el nuevo Gobierno. «Estás desatado, faltón, agresivo y, además, desacertadísimo», le decía Pablo Rodríguez Suanzes, corresponsal de *El Mundo* en Bruselas, a Pedro Herrero, después de que este acusara a Amparo González, entonces ya en el Gobierno, de utilizar de manera interesada unos datos sobre inmigración publicados en Politibot, la nueva empresa periodística de Ramírez y Suárez después de su salida de *El Español*. Suárez defendía la independencia de su medio y afirmaba que su negocio no era la «comunicación política», sino el periodismo; Herrero respondía que «no hace falta ser empleado de un parlamento o de un Gobierno para hacer política o tener una agenda personal y organizativa». Juan Font (ingeniero y miembro de Politikon) afirmaba que la estrategia de UPyD –partido del que procedía Herrero– de atacar a los medios por su supuesta parcialidad y cercanía al PSOE y los nacionalistas no había salido particularmente bien, dada su irrelevancia política en ese momento. Bidatzi, un ingeniero industrial con quien este grupo solía conversar y amigo de algunos de sus miembros, criticaba sarcásticamente que los medios y los científicos sociales consideraran que no eran susceptibles de críticas porque sus opiniones se fundamentaban en datos y observaciones imparciales.

Nuestra conversación en Twitter seguía siendo enriquecedora en varios sentidos, pero muchos de quienes participaban en ella habían dejado de hablarse en la vida real y, cuando lo hacían en la red social, era para hacerse reproches o, directamente, insultarse. Puede que fuera una dinámica partidista normal: a fin de cuentas, buena parte de quienes discutían de esa manera, aunque no todos, competían por el poder o, al menos, por reforzar su posición ideológica ante sus adversarios. Además, había elementos que trascendían la competencia política o la lucha de ideas. Había evidentes motivaciones biográficas, personales y psicológicas. Unos habían conseguido el poder o estaban satisfechos porque la llegada a Moncloa de un Gobierno de izquierdas tenía un significado personal –de alivio tras siete años de PP, pero también de reconocimiento y vindicación–, y otros sentían que ese poder no solo se apoyaba en bases endebles y potencialmente peligrosas, como el pacto implícito con Unidas Podemos y los nacionalismos, sino que era una injusticia histórica con ellos y su proyecto personal de regeneración. Fuera como fuese, las conversaciones que más tarde se producían en privado sobre lo que se debatía en público estaban marcadas por una cierta perplejidad y tristeza, al menos entre quienes éramos más reacios a hacer explícito ese nuevo enfrentamiento o sentíamos que habíamos quedado en tierra de nadie entre los dos lados.

Estas trifulcas intrascendentes en Twitter pusieron en evidencia que quienes se veían a sí mismos como científicos –por utilizar la distinción clásica de Max Weber– estaban actuando en realidad como políticos o, en el caso de quienes seguían trabajando en la universidad, como simples columnistas de opinión. Lo cual no tenía nada de grave, y es más bien lo habitual en la discusión política. Pero resultaba un tanto frustrante para quienes habíamos creído con ingenuidad que determinados cargos del Gobierno, y quienes opinaban sobre él, podían seguir operando dentro de la lógica del conocimiento y no la del partidismo. Demostraba, por lo demás, que la supuesta renovación de la comunicación política, una disciplina que parecía sustituir a todas las demás, seguía basándose en el ataque personal y la confusión deliberada entre conocimiento y propaganda. También estaba sucediendo en Ciudadanos, cuya promesa implícita como partido era la reforma y la modernización de la política, pero cuyos líderes adoptaban un tono cada vez más parecido al de la vieja polarización de los años noventa entre el PSOE y el PP.

En todo caso, eso solo era relevante para varios cientos de personas que nos observábamos en Twitter. Lo realmente importante estaba sucediendo fuera de las redes sociales –todos lo sabíamos, aunque estuviéramos demasiado absortos en ellas– y superaba, con mucho, lo que podían controlar los amigos que ahora trabajaban para el Gobierno. Independientemente de la calidad de su trabajo, de la información y los conocimientos que pudieran transmitir a sus jefes políticos, la dinámica que estaba adoptando la política no solo hacía invisibles su labor y las medidas técnicas que el Ejecutivo pudiera aplicar, sino que parecía que estas fueran irrelevantes. A pesar de una apariencia tecnocrática y, en muchos sentidos, centrista, el Gobierno, más allá de cierta estética, parecía tratar de alimentar la polarización, de generar polémicas y defenderse ruidosamente de ellas. Todo para ocultar el hecho de que apenas podía hacer nada y para establecer dos bandos claros cuyo enfrentamiento pudiera ser útil en unas elecciones que convocaría cuando le conviniese. Era un Gobierno «zombi», escribió José Antonio Zarzalejos en un artículo de septiembre de 2018. «Del cielo (político) con el "Gobierno bonito", al infierno (político) de la sospecha, las contradicciones y los fracasos», decía. «La primera idea de Pedro Sánchez –convocar elecciones "cuanto antes"– siempre fue la mejor, y la peor de todas, desecharla e intentar una travesía con 84 diputados y un equipo de Gobierno improvisado, heterogéneo y atractivo pero cuyos resultados (malos) se han comprobado en 101 días de gestión».[8] Además, aunque el presidente había querido presentarse como un hombre de instintos tecnocráticos que reclutaba en la academia a muchos de sus cargos intermedios y daba al Ministerio de Ciencia, Innovación y Universidades una relevancia simbólica sin precedentes, estaba siendo acusado de haber plagiado en parte su tesis doctoral, o de no ser siquiera su autor (Carmen Montón, ministra de Sanidad, Consumo y Bienestar Social, ya había tenido que dimitir por haber plagiado el trabajo final de un máster). Y, en ese momento, Rivera se estaba revelando «como la auténtica oposición», decía Zarzalejos. «Rivera vuelve por sus fueros después de la moción de censura a Rajoy, que le descolocó. El presidente de Ciudadanos ha buscado su momento y se ha convertido en el referente de una situación que ha dado un vuelco y hace agónica una legislatura que, a estas alturas, ya debería haber dispuesto de fecha de caducidad». Los amigos más cercanos a Ciudadanos replicaban el estado de ánimo de Rivera. Apenas dos años antes, el regeneracionismo de inspiración tecnocrática y la posibilidad de un Gobierno de coalición les ilusionaba. Ahora, mientras sus jefes hacían una oposición frontal en el Congreso y mantenían la esperanza de sustituir al PP como principal partido del centroderecha, los asistentes parlamentarios y los técnicos de comunicación mantenían esa misma actitud en Twitter o en las reuniones informales, cada vez menos frecuentes, en las que nos encontrábamos. Una de ellas fue la presentación del libro *La España de Abel*, en octubre de 2018 en la Fundación Rafael del Pino, en la que participaron sus editores, De Ramón y Nacarino-Brabo, y algunos de los autores. Después del acto, ya en privado, Roldán, que en ese momento era portavoz de Economía de Ciudadanos en el Congreso de los Diputados, se mostró convencido de que el asunto de la tesis era lo bastante grave para hacer caer al Gobierno de Sánchez. No era el único. Otros asistentes ansiaban igualmente esa posibilidad y la veían como una especie de vindicación de sus críticas al presidente. Además, Pablo Casado acababa de superar a duras penas su propia crisis de liderazgo en el PP, después de ser acusado de obtener un máster de manera fraudulenta en la Universidad Rey Juan Carlos y de que el Supremo desestimara la causa. Si se celebraban unas nuevas elecciones, tal vez Ciudadanos pudiera mejorar sus resultados y seguir avanzando hacia la hegemonía del centroderecha.

El partidismo era perfectamente comprensible en una situación como aquella, con un Gobierno incapaz de cumplir sus propias expectativas y una oposición iracunda ante su inoperancia y el incumplimiento de la promesa de convocar elecciones cuanto antes. Para entonces, el partidismo llenaba casi todos los espacios de nuestra conversación. No hablábamos ya de otra cosa y, además, lo hacíamos en términos puramente adversativos.

En aquel momento eran evidentes dos cosas. Aunque no parecía probable, quizá los futuros resultados electorales y la composición del Parlamento que saliera de las elecciones empujaran a Sánchez y a Rivera a recuperar el viejo proyecto de un Gobierno de coalición. Sin embargo, para entonces los dos líderes se detestaban, como lo hacían quienes ocupaban los puestos intermedios del Gobierno, en un lado, y de Ciudadanos, en el otro. Y, sin duda, también los entornos intelectuales de ambos. Tal vez se repitiera la oportunidad de trabajar juntos, pero la confianza y la esperanza de poder construir un espacio liberal-progresista, que dos años antes no solo parecía deseable, sino viable y con sentido pleno, habían desaparecido. Puede que, como había afirmado Juliá, la socialdemocracia y el liberalismo ya estuvieran inextricablemente vinculados por razones históricas e ideológicas, pero en España, en ese momento y para mi generación, esa unión resultaba inviable como proyecto intelectual. Como tantas veces sucede, la coyuntura y las aversiones personales habían destruido, al menos por un tiempo, lo que podría haber sido un proyecto ideológico a largo plazo.

Más allá de eso, empezaba a ser evidente que nuestra creencia en una política reformista basada en elementos tecnocráticos y apoyada en datos había sido, simplemente, el fruto de una mala comprensión de la política.

No habíamos entendido que los elementos irracionales, polarizantes y afectivos tenían un peso mucho mayor de lo que habíamos pensado, o que lo iban a tener a partir de entonces. En todo caso, en ese instante nos dimos cuenta de que superar eso era muy difícil. Por supuesto, en un Gobierno o una Administración Pública podía haber gente preparada con conocimientos técnicos y la voluntad de aplicarlos, y los altos cargos y funcionarios seguirían diseñando políticas con todo el rigor del que fueran capaces. Aun así, empezaba a estar claro que entrábamos en una era de enorme polarización que iba a dejar eso en un segundo plano y que la política estaría más dominada por elementos identitarios y tribales que por visiones contrapuestas de problemas como la pobreza, la educación o la viabilidad de las pensiones. La comunicación política, basada en viejos trucos actualizados para las redes sociales, iba a ser una disciplina mucho más relevante que las políticas basadas en datos, y todo lo que no fuera propaganda sería residual.

Por lo que respecta al periodismo, había sucedido algo parecido. El semanario *Ahora* fracasó por muchas razones, pero sin duda una fue que yo había intentado darle una orientación demasiado fría, poco partidista, dedicando más páginas a explicar cuestiones arduas como las posibles reformas del funcionariado o las propuestas para sanear un mercado laboral destruido por el estallido de la burbuja que al enfrentamiento partidista o a columnas combativas y literarias. La prensa española siempre había sido más belicosa, y hay buenas razones para que así sea, pero en 2018 esa agresividad periodística había regresado de una manera más clara, con los periódicos muy alineados, si no con un partido, sí con un bloque: el conformado por el PSOE y sus aliados circunstanciales o el conformado por el PP y Ciudadanos. *El Confidencial*, el periódico en el que ya entonces escribía, tal vez fuera el más transversal, pero precisamente por eso, y a pesar de que yo rara vez escribía sobre política española, algunos amigos socialistas me reprocharon mi falta de entusiasmo por el Gobierno, y otros de Ciudadanos pensaban que los periodistas que consideraban afines no les estábamos apoyando lo suficiente en ese momento crucial.

Pocos meses después, el 10 de febrero, los líderes del PP, Ciudadanos y Vox se manifestaron juntos en la plaza de Colón de Madrid contra las cesiones que, según ellos, el Gobierno estaba haciendo a los independentistas, en parte para conseguir su apoyo a los presupuestos. El lema de la concentración era «Por una España unida, elecciones ya». Sánchez debió de pensar que la polarización del momento, con esa unión de los partidos desde el centro a la derecha autoritaria –algo que incomodó mucho a algunos líderes de Ciudadanos: Inés Arrimadas no acudió, y Luis Garicano y Roldán se negaron a subir al escenario–, le beneficiaba y que, efectivamente, era el momento de convocar elecciones. El 15 de febrero de 2019, el presidente anunció que estas se celebrarían el 28 de abril. En su comparecencia, realizó una interpretación triunfal de sus poco más de ocho meses de Gobierno tras la moción de censura y reprochó a la oposición no haberle permitido ir más allá. Había sido, dijo, «una oposición que ha utilizado las instituciones con fines partidistas, […] una oposición que no ha atendido a razones, que está alejada de los parámetros del sentido común y de la moderación […]. Que no ha antepuesto, en definitiva, el interés general». En realidad, había sido la incapacidad para sacar adelante unos presupuestos –para los que se llegó a buscar el apoyo de los políticos catalanes encarcelados por su participación en el referéndum ilegal de 2017– «después de siete años de injusticia social, de austeridad, de recortes del estado de bienestar» lo que le llevaba a convocar esas elecciones para optar a una mayoría más capaz de sacar adelante su programa.[9]

Como es sabido, en las elecciones de abril apenas se logró esa mayoría. El PSOE consiguió 123 escaños (38 más que en los comicios de 2016); el PP cayó hasta los 66 (71 menos); Ciudadanos creció mucho (25 escaños más, hasta los 57), y Unidas Podemos perdió 12 (y se quedó en 33); la gran novedad, con todo, fueron los 24 escaños que consiguió Vox. Las elecciones se habían planteado como el enfrentamiento de dos bloques muy polarizados, del centro a la izquierda (más los partidos nacionalistas) y del centro a la derecha, y «el bloque progresista liderado por Pedro Sánchez superó con 166 diputados (incluyendo a Compromís) al formado por PP, Cs, Vox y Navarra Suma (149). Los socialistas primarán los acuerdos con el PNV y otras formaciones para no depender de los independentistas», decía *El País*.[10] Sin embargo, ninguno de los bloques tenía mayoría para formar Gobierno. Eran las primeras elecciones nacionales tras el referéndum ilegal de independencia en Cataluña y las circunstancias eran totalmente distintas a las de 2015, en parte por el clima de polarización extremo que había provocado el *procés*, que a su vez había contribuido a la entrada de Vox en el Parlamento. Pero en términos numéricos, eran aún más favorables para una coalición entre el PSOE y Ciudadanos. Los dos partidos podían formar una cómoda mayoría absoluta de 180 diputados. Sin embargo, durante la campaña, Sánchez y Rivera habían afirmado que sus formaciones no iban a pactar, a pesar de que las encuestas previas a las elecciones ya decían que su suma era la única viable para una investidura. De acuerdo con una crónica de Paloma Esteban en *El Confidencial*, los dirigentes de Ciudadanos consideraban que, tras «los apoyos de la moción de censura (independentistas y EH Bildu incluidos)» y después de que el Gobierno hubiera intentado sacar adelante los presupuestos con el apoyo de los políticos independentistas encarcelados, era inviable pactar con el PSOE. Aquel PSOE, decían, no era el mismo con el que habían negociado hacía cuatro años y por eso la Ejecutiva se había comprometido a no pactar: «Mientras el PSOE sea Sánchez, no hay nada que hacer», le habían contado fuentes del partido a Esteban. Sánchez había cometido una «traición» y ningún voto de Ciudadanos debía respaldar a su partido.[11] En el último pleno del Congreso antes de las elecciones, Sánchez acusó a Rivera de «mentir» y de hacer un discurso basado en el «alarmismo». Le dijo que el PSOE no iba a aceptar lecciones de nadie porque «somos un partido constitucionalista que va a defender siempre la Constitución y hacer que se cumpla» y que los temas del día le importaban «un comino» porque solo estaba interesado en «lanzar mensajes electorales».[12]

De modo que, a pesar de que era la opción más viable para la investidura de un presidente y la formación de Gobierno, esta vez los equipos del PSOE y Ciudadanos ni siquiera se reunieron. Según se acercaba la fecha de la investidura, crecía la presión para que los socialistas hicieran una oferta firme a Ciudadanos, que había estado muy cerca de convertirse en el partido líder del centroderecha, y también para que este la aceptara. «En teoría, una coalición reformista entre los socialistas y los liberales de Ciudadanos podría ser lo mejor para la economía», decía un editorial del *Financial Times* poco después de las elecciones.[13] Pero el PSOE no parecía dispuesto a hacer ninguna oferta firme a Ciudadanos para conseguir su apoyo en la investidura y Ciudadanos mantenía su negativa a dar ese apoyo, aunque hubiera una propuesta de por medio. El presidente de la CEOE, Antonio Garamendi, dijo «en nombre de los empresarios españoles» que ese pacto era el mejor dadas las circunstancias; incluso Rajoy sostuvo que era la mejor fórmula. Según otra crónica de Esteban en *El Confidencial*, del 21 de junio, «miembros del Gobierno de Macron rechazan la estrategia de los de Rivera, especialmente en lo que se refiere a los pactos con Vox», en referencia al acuerdo de Ciudadanos y PP con Vox en Andalucía. «También publicaciones de prestigio como *Politico* trasladan el malestar existente y las presiones que Ciudadanos está sufriendo en el entorno comunitario –contaba Esteban–. En la formación naranja, sin embargo, reiteran su "tranquilidad" e insisten en que su estrategia de pactos no ha sido cuestionada por los liberales europeos (ALDE) […]. Fuentes de la cúpula naranja insisten en que "el compromiso adquirido en campaña electoral" se mantendrá intacto. No habrá giros de guion ni cambio de opinión. En la reunión de la ejecutiva del próximo lunes [24 de junio] los dirigentes abordarán, entre otras cosas, la hoja de ruta aprobada en el mismo comité meses atrás». Los recientes pactos de Ciudadanos con la derecha para formar parte de gobiernos autonómicos, decían en la dirección del partido, «refuerzan lo acertada que fue nuestra decisión».[14]

La reunión de la ejecutiva no saldría como tenía previsto la dirección de Ciudadanos. Roldán llevaba tiempo expresando en privado su descontento con lo que interpretaba como un giro derechista. Le parecía que, en ese momento, la negativa de Rivera y de buena parte de la cúpula directiva del partido a buscar un acuerdo con Sánchez –uno que, sin duda, el presidente no estaba propiciando– era un error histórico. Se estaba desperdiciando la posibilidad de crear un Gobierno con una amplia mayoría, con potencial reformista, nítidamente europeísta, que, como había dicho Juliá en 2016, demostrara la cercanía ideológica entre la socialdemocracia y el liberalismo moderno. El 22 de junio, Roldán me llamó y me dijo que estaba redactando el discurso con el que explicaría a los medios su dimisión de todos los cargos del partido y de su escaño en el Congreso de los Diputados. Me lo mandaría el día siguiente para que le diera mi opinión, me dijo. Lo recibí el domingo 23 a mediodía, en un correo con el asunto «Cs Sayonara».

Después de expresar su agradecimiento a Rivera y de repasar los logros de Ciudadanos, contaba cómo sus ideas habían acabado chocando con la estrategia del partido. Cuando se sumó a él, le pareció «necesario traer a una nueva generación de personas preparadas para hacer las cosas de manera distinta. Para poner en marcha políticas de progreso basadas en datos y en las mejores experiencias de éxito de otros países, para combatir a los dogmatismos ideológicos». Sin embargo, el énfasis estratégico del partido se había ido sumiendo en una dinámica de polarización y, finalmente, Rivera y el resto de sus dirigentes habían asumido que Ciudadanos debía convertirse en el líder del centroderecha y no en un partido centrista que pudiera colaborar con el PSOE. «¿Cómo vamos a superar la dinámica de confrontación de rojos y azules que vinimos a combatir si solo podemos gobernar con los azules? ¿Cómo vamos a construir un proyecto liberal en España si no somos capaces de enfrentarnos a la extrema derecha que está en las antípodas de todo lo que representamos? –se preguntaba–. Yo me creí esa idea de la tercera España. No estoy dispuesto a participar más de la polarización política porque yo vine a hacer exactamente lo contrario: a construir puentes desde el centro para acabar con la parálisis y el frentismo. Nunca, en ningún lugar y en ningún momento, el progreso vino de los extremos. Tampoco construyendo trincheras entre los que compartimos ideas básicas de progreso y libertad».

Era un discurso muy bueno, le dije de inmediato por teléfono. Sentía que no solo reflejaba el desengaño con su partido, sino la perplejidad que muchos amigos sentíamos ante la deriva que había tomado la política en general y nuestra relación en particular. Solo le sugerí que cambiara un adjetivo. Cuando, ese lunes, le vi leer el discurso en el Congreso de los Diputados, sentí un enorme abatimiento.

Jorge Bustos, jefe de opinión de *El Mundo*, también parecía algo abatido, a juzgar por el artículo que publicó el día siguiente en su periódico. Pero de otro modo. Roldán, decía, no había logrado asumir del todo la mentalidad necesaria para formar parte de un partido como Ciudadanos; puesto que tenía un futuro laboral brillante fuera de la política, era de los pocos que podía permitirse abandonarla. No lo había hecho «en silencio sino dando un portazo». Lo que allí se había producido era el choque entre un «académico de la London School [la universidad de élite que Roldán había abandonado para sumarse a Ciudadanos] contra el político de raza callejera que es Rivera, cuyo blindado liderazgo es incompatible con veleidades deliberativas de campus. El líder de Cs trabaja con votos, y su rumbo fue premiado con 57 escaños hace dos meses, pero Roldán trabaja con ideas y no puede asumir el coste reputacional de una foto con Abascal». Bustos reconocía los problemas de Ciudadanos, pero creía que debía seguir apostando por pactar con partidos de derechas en las autonomías y vetar a Sánchez. A fin de cuentas, la formación no vivía de los votos de «un puñado de selectos editores de sir Isaiah Berlin» –Aguilar y yo habíamos sido editores de Berlin, él en la editorial Taurus y yo cuando estuve al frente de la revista *Letras Libres,* donde también le publicó Daniel Gascón, aunque seguramente Bustos aludía a una forma sofisticada y poco efectiva de liberalismo, y no a nosotros en concreto–, sino de los de antiguos votantes del PP de clase media. «La política –decía Bustos–, no opera en el éter angélico de los *think tanks* sino en el barrio tribal de la partitocracia». Y, por eso, aunque se entendieran los reparos de un hombre de ideas como Roldán, había que asumir la polarización y hacerse fotos con Vox si hacía falta. Nadie ganaba una guerra sin mancharse, decía. Y «de la absolución de Rivera solo tendremos noticia la próxima vez que se abran las urnas».[15]

Eso no tardaría en suceder. A última hora, Rivera ofreció a Sánchez una propuesta en forma de decálogo para desencallar la situación, pero este ni siquiera se la tomó en serio. El Congreso se disolvió ante la imposibilidad de investir a un presidente y se convocaron elecciones para el 10 de noviembre. En ellas, el PSOE perdió 3 diputados, el PP recuperó 23 y Vox pasó de 28 a 52. Lo más llamativo fue la drástica caída de Ciudadanos, que pasó de 47 a 10 diputados y perdió dos millones y medio de votos (al parecer, no era tan mala idea hacer convivir el éter de los *think tanks* con el barro). Rivera presentó su dimisión inmediatamente. También de manera inmediata, Sánchez anunció que, a diferencia de lo sucedido tras las elecciones de abril, esta vez sí aceptaba formar un Gobierno de coalición con Unidas Podemos y el respaldo de los partidos independentistas.

Incluso después de todo esto, debo decir que me era relativamente indiferente quién gobernase. Sin duda me molestaba la relevancia de los partidos independentistas, me preocupaban los instintos autoritarios de Unidas Podemos y me parecía una pésima noticia el auge de la derecha nacionalista de Vox. Pero el sentido que yo otorgaba a las ideas de nuestra generación, o de este pequeño grupo dentro de ella, era el de cambiar, aunque fuera de manera limitada, la forma de entender la política y la discusión pública sobre ella. Si bien el punto de coincidencia ideológica entre el PSOE y Ciudadanos era donde yo me sentía más cómodo, retrospectivamente creo que el objetivo era intentar que nuestras ideas sobre las *policies*, el periodismo o la comunicación también influyeran a la gente que se situaba más a la izquierda y más a la derecha. Es evidente que, como grupo, no lo conseguimos. En un primer momento, quizá estuvimos tentados de culpar a la generación anterior: a fin de cuentas, era cierto que sus miembros habían ocupado el poder durante un tiempo desmesurado y nos parecía que, o bien habían ignorado algunos de los proyectos e ideas explicados aquí, o bien no nos habían permitido desarrollarlos para no perder el control. Sin embargo, esa habría sido una excusa perezosa. Las reformas y los cambios que teníamos en mente eran ambiciosos pero no revolucionarios, ni para los medios ni para la política, y siempre dimos por hecho que encontrarían resistencia. Al mismo tiempo, si entonces nos hubieran dicho que ninguno, o casi ninguno, saldría adelante, nos habríamos sorprendido: al fin y al cabo, muchos de ellos eran defendidos por gente mayor, mucho más cualificada y con contactos con el poder, como los autores del blog de economía *Nada es gratis*, los miembros de la Fundación Hay Derecho, dedicada a promover reformas en la Administración Pública, o incluso una parte notable de los políticos y antiguos dirigentes del PSOE.

Sea como sea, las excusas son irrelevantes. Durante los años centrales de esta historia, los líderes de los cinco grandes partidos de España pertenecían más o menos a nuestra generación, y ahora pertenecen a ella buena parte de los altos cargos de la Administración. Varios de los periodistas y los científicos sociales mencionados aquí, y otros muchos de edad parecida, tienen una gran relevancia pública y sus opiniones son escuchadas por cientos de miles de personas. Con diferente fortuna, todos somos profesionales en torno a la mediana edad, con un conocimiento mucho más preciso de cómo funciona el mundo. Y hoy la política es peor que antes de que mi generación se implicara a fondo en ella y de que este grupo de amigos y conocidos tuviera un papel en la discusión pública.

Nunca me ha gustado el término «nueva política», que se utilizó en los años posteriores a la aparición de Podemos, el auge de Ciudadanos y, en menor medida, el cambio generacional en el liderazgo del PSOE y el PP. Surge de una conferencia de Ortega y Gasset, «Vieja y nueva política», de 1914, en la que el filósofo anunciaba el fin de una época y el inicio de otra en la que los hombres como él debían practicar una reforma a fondo en la vida pública española, sobre todo, decía, en el Estado, los partidos y los periódicos. Lo consideraba un encargo generacional: «es preciso […] hacer una llamada enérgica a nuestra generación –decía–. La nueva política ha de partir de este hecho: cuanto ocupa la superficie y es la apariencia y caparazón de la España de hoy, la España oficial, está muerto. La nueva política no necesita, en consecuencia, criticar la vieja ni darle grandes batallas;

necesita solo tomar la filiación de sus cadavéricos rasgos, obligarla a ocupar su sepulcro en todos los lugares y formas donde la encuentra y pensar en nuevos principios afirmativos y constructores».[16] Como tantas veces en el caso de Ortega y Gasset, era un discurso mucho más ampuloso y pirotécnico que viable y realista. Pero partía de una sensación no tan distinta de la que tendrían muchos españoles de mi edad un siglo después. Sin embargo, como la generación de Ortega, tampoco nosotros logramos crear nada parecido a una nueva política (la suya acabó sufriendo dos dictaduras y una guerra civil). No fue posible, en contra de lo que en algún momento pensó Juliá, un hombre que, por lo demás, no era dado a los optimismos infundados. El encargo generacional que creíamos haber recibido, y que nos habíamos sentido capaces de llevar a cabo, no terminó bien, aunque sin duda lo hizo mejor que el de la generación de Ortega. Aun cuando hubiéramos tenido las ideas correctas –es posible que así fuera– y la capacidad para llevarlas a cabo –ahora es evidente que no era así–, quizá las circunstancias globales lo hubieran impedido de todas formas. Lo que consideramos nuestra ventana de oportunidad para hacer reformas –las consecuencias de la crisis financiera, el auge del populismo de derechas con Donald Trump, el Brexit y el *procés*– posiblemente fuera un impedimento y hubiese requerido un instinto más conservador que nuestra fe tecnocrática. Tal vez conseguimos aportar algo nuevo en el ámbito de las ciencias sociales, sobre todo en la manera de comunicarlas al público en general. Y es probable que también en el del periodismo, que quizá hoy sea mejor que en el pasado –ha incorporado el uso de datos, ha recuperado viejas virtudes del reporterismo, se ha atrevido a publicar exclusivas sobre instituciones antes reverenciadas, se ha vuelto un poco más promiscuo en los géneros– a pesar de su partidismo atroz de siempre y la mayor precariedad de quienes se dedican a él. Pero no más. En todo caso, por suerte, el término «nueva política» dejó de utilizarse de manera generalizada cuando empezaron el declive sostenido de los dos partidos que suscitaron su uso y la lenta recuperación del bipartidismo.

En cualquier caso, no es dramático. Seguramente, en ausencia de acontecimientos únicos como la Transición, y aun muchas veces con ellos, la mayoría de las generaciones fracasan en su intento de regenerar el sistema y solo consiguen dejar huella en algunos aspectos concretos de la vida pública; la mayoría, también, sobreestiman sus fuerzas y su influencia. Puede que eso haya resultado más visible aún en la parte de mi generación que creyó que la gran renovación española tendría lugar a la izquierda del PSOE, con Podemos: como su éxito inicial fue mucho mayor que el nuestro, su incapacidad ha sido mucho más evidente. Pero también ha sido visible en ese espacio compartido por los liberaldemócratas y los socialdemócratas. Como grupo generacional que, unido, podría haber trabajado mejor y durante más tiempo, fracasamos. El poder rompió algunas amistades, hizo que el clima intelectual en el que nos movíamos fuera más bronco y dificultó un diálogo que debería haber resultado mucho más fructífero. Si, al principio, la ruptura no se produjo por razones estrictamente ideológicas, sino debido al poder y las lógicas polarizantes que este provocó, con el tiempo sí hubo cambios relevantes: a fin de cuentas, los amigos más cercanos al PSOE se sintieron obligados a defender que el Gobierno liderado por su partido se apoyara en Bildu para aprobar unos presupuestos o sacar adelante proyectos, y más tarde que promoviera una amnistía para satisfacer a Junts, mientras que los vinculados a Ciudadanos creyeron legítimo, y defendieron, que su formación se mantuviera en gobiernos como el andaluz o el madrileño gracias al apoyo externo de Vox. Tiempo después, cuando Inés Arrimadas intentó volver a colocar a Ciudadanos en una posición centrista que le permitiera negociar y llegar a pactos con el PSOE –lo cual daba de nuevo sentido a su partido y abría la posibilidad de que los socialistas se deshicieran de sus socios más incómodos–, era demasiado tarde. No solo por la torpeza estratégica que provocó que la moción de censura presentada contra el Gobierno de Murcia fracasara, lo cual abrió a su vez la posibilidad de quedar fuera de la Asamblea de Madrid en las elecciones convocadas en respuesta a otra moción en esta comunidad, sino porque pareció que una parte relevante de Ciudadanos prefería la disolución antes que volver a trabajar con el PSOE. Algo que fue definitivamente explícito cuando el partido renunció a presentarse en las elecciones del 23 de julio de 2023 y prefirió, de manera ostensible, que la mayor parte de sus votos fueran al PP, o incluso a Vox. Empezaron siendo actitudes posicionales, pero pasaron a convertirse en puramente ideológicas.

A pesar del fracaso, pasados esos años la mayoría seguimos trabajando en ocupaciones que nos gustan y cuyo grado de relevancia pública nos satisface. En el plano individual, algunos han triunfado y otros simplemente hemos encontrado un acomodo razonable. Muchos han seguido trabajando en los sucesivos gobiernos de Pedro Sánchez. Otros han optado por el camino habitual entre las élites españolas y, tras su paso por la política, han regresado a la actividad académica o, tras ejercer como asesores de comunicación y prensa, han vuelto a los medios de comunicación. También hay quien ha seguido un camino más infrecuente en la tradición política española. Una parte relevante de los asesores del equipo económico de Ciudadanos reunidos en torno a Roldán pasaron, tras el declive de su partido, a trabajar para el PP. Fue el caso de San Miguel. «Ahí es donde está ahora el centro», me dijo otro antiguo asesor encogiéndose de hombros y sospechando, supongo, que yo solo estaba de acuerdo a medias con su afirmación. Nacarino-Brabo, que había sido brevemente diputada de Ciudadanos, fue escogida diputada por el PP en las elecciones de 2023. Otros, como es cada vez más habitual en todos los países occidentales, pasaron de la política a la consultoría, poniendo su conocimiento del Estado al servicio de legítimos intereses privados. Roldán fundó junto con Jorge Galindo un *think tank* dedicado al análisis de políticas públicas relacionadas con la educación, la fiscalidad o la energía, EsadeEcPol.

Yo seguí publicando libros y escribiendo en *El Confidencial* sobre cultura y política internacional. En 2021, cuando salió la primera versión de este libro en formato digital, fue recibida con una extraña mezcla de afecto e inquietud. Muchos amigos me felicitaron por haber contado una historia que, aunque poco relevante, era importante para nosotros y que, según pasaba el tiempo, parecía una especie de retrato en miniatura de lo que estaba sucediendo en el conjunto del país. Porque el aumento de la polarización y la consolidación de dos bloques políticos que se negaban a dialogar, el de izquierdas y los nacionalismos, por un lado, y el de derechas, por el otro, acabó con cualquier espacio central, ya fuera electoral, intelectual o periodístico. Otros amigos, singularmente los que habían pasado por los gobiernos de Sánchez o se sentían más cercanos al PSOE, negaron que la historia de este libro hubiera ocurrido tal como la cuento o me hicieron saber, casi siempre por medio de amigos comunes, que les había molestado que la hubiera escrito. Tras las elecciones de julio de 2023, mientras el PSOE negociaba la investidura de Sánchez con el bloque de partidos independentistas y nacionalistas, empecé a escribir una columna de política nacional en *El Confidencial*, en la que me mostré cada vez más crítico con el Gobierno. Cuando presenté en Madrid mi siguiente libro, *Los años peligrosos*, un intento de hacer un retrato mucho más amplio de la polarización y el radicalismo que se habían apoderado de la política occidental durante la década de 2010, un amigo que escribía en *El País*, pero era relativamente ajeno a estas discusiones, me dijo con una carcajada: «¡No ha venido ningún socialista!». Lo cierto es que había dos.

Muchos de los viejos amigos y conocidos seguimos encontrándonos por azar o en actos públicos, y hemos sido capaces de mostrarnos incluso afectuosos. Pero tras la comida de junio de 2018, Miguel y yo dejamos de convocarlas durante bastante tiempo. No hubo una razón concreta, simplemente, al menos por mi parte, tenía dudas de si los antiguos participantes aceptarían asistir y, en ese caso, si sería posible seguir discutiendo con afabilidad y entre risas. Al final, cinco años después, coincidiendo con un viaje de Miguel a Madrid, decidimos hacerlo. Convocamos a algunos de los habituales. Quienes se excusaron lo hicieron por razones aparentemente genuinas como compromisos previos o clases. Y reservamos una mesa en La Ancha para seguir la tradición. Pero surgió un imprevisto. Ese día, el 16 de noviembre de 2023, se celebraba la moción de investidura de Sánchez y alrededor del Congreso había manifestaciones de protesta por las concesiones que el presidente había hecho para conseguir el apoyo de algunos partidos independentistas, en concreto la Ley de Amnistía. A primera hora de la mañana, un invitado, uno de los periodistas de izquierdas más conocidos de mi generación, me pidió que cambiáramos de lugar, e incluso se ofreció a encontrar una mesa grande en otro sitio. Así que Miguel y yo accedimos. Solo más tarde me di cuenta de lo que había pasado: el nivel de crispación era tal que el invitado temía que los manifestantes le agredieran si lo reconocían.

Eso era consecuencia de una ruptura más general y preocupante. Pero las rupturas como la nuestra, como decía al principio, suceden en todas las generaciones. Al menos en mi caso, y más allá del abatimiento, sentí una cierta curiosidad intelectual al ver en directo cómo se producía una, después de haber leído muchas veces sobre ellas: sobre el caso de los progresistas estadounidenses que se enfrentaron a los suyos y fundaron el neoconservadurismo, provocando odios que duraron vidas enteras; los sesentayochistas franceses y alemanes que pasaron a formar parte del *establishment* de sus países ante la ira de sus antiguos compañeros, o las dramáticas conversiones de izquierdistas españoles durante las primeras décadas de democracia, que fueron acusados de traición. Lo nuestro fue menos dramático, y menos relevante en todos los sentidos. Tal vez todavía sea posible, como intentaron Celio y Cicerón (a este no le salió del todo bien y acabó con la cabeza cortada), que consigamos dar más relevancia a la estima que sentimos por algunas personas que al rechazo que nos provoca el furor con el que defienden sus causas. A pesar de todo, sigo teniendo la sensación de que, tras el verano de 2018, después de la moción de censura, desperdiciamos demasiadas oportunidades que la crisis financiera y luego el *procés* –en mitad de una enorme confusión política global y la transición a un nuevo modelo periodístico– nos habían brindado. Es muy posible que no exista nada que pueda ser llamado propiamente «nueva política», pero nosotros ni siquiera nos acercamos. Las siguientes generaciones también malgastarán sus oportunidades; ojalá su fracaso sea distinto y un poco mejor.

Notas

1. Jordi Sevilla, *Vetos, pinzas y errores. ¿Por qué no fue posible un gobierno del cambio?*, Barcelona, Deusto, 2017, pp. 106-108.

2. Anabel Díez, «Pedro Sánchez acepta las condiciones de Ciudadanos y anuncia un acuerdo», *El País*, 24 de febrero de 2016, en <https://elpais.com/politica/2016/02/23/actualidad/1456233618_836694.html>.

3. Santos Juliá, «Romper con la vieja política», *Ahora*, 4 de marzo de 2016, en <https://www.ahorasemanal.es/romper-con-la-vieja-politica>.

4. Luis Miller, «Polarización en España: más divididos por ideología e identidad que por políticas públicas», EsadeEcPol Insight #18, octubre de 2020, en <http://itemsweb.esade.edu/research/EsadeEcPol-insight-polarizacion.pdf>.

5. Juan Claudio de Ramón y Aurora Nacarino-Brabo (eds.), *La España de Abel*, Barcelona, Deusto, 2018, p. 9.

6. Álvaro Nieto, «Caída histórica de PP y PSOE debida al auge de nuevos partidos», *El País*, 14 de mayo de 2018, en <https://elpais.com/politica/2018/05/13/actualidad/1526222522_428410.html>.

7. Jorge San Miguel, «La Era de Acuario», *The Objective*, 28 de junio de 2018, en <https://theobjective.com/elsubjetivo/la-era-de-acuario>.

8. José Antonio Zarzalejos, «La legislatura está zombi», *El Periódico*, 15 de septiembre de 2018, en <https://www.elperiodico.com/es/politica/20180915/la-legislatura-esta-zombi-jose-antonio-zarzalejos-7035357>.

9. Declaración institucional del presidente del Gobierno, 15 de febrero de 2019, en <https://www.ecestaticos.com/file/56d49fd404cd63699cebb04d8437b42d/1550227599-declaracioninstitucionalpg_15feb2019.pdf>.

10. José Marcos, «Sánchez: "Hemos demostrado que podemos ganar a la reacción y a la involución"», *El País*, 29 de abril de 2019, en <https://elpais.com/politica/2019/04/28/actualidad/1556464385_092351.html>.

11. Paloma Esteban, «Ciudadanos ignora las encuestas y mantiene su veto a Sánchez: "No existen dudas"», *El Confidencial*, 26 de marzo de 2019, en <https://www.elconfidencial.com/elecciones-generales/2019-03-26/rivera-

veto-sanchez-encuestas-elecciones-generales-abril_1902938/>.

12. Paloma Esteban, «El último pleno de la legislatura confirma la ruptura absoluta de Sánchez y Rivera», *El Confidencial*, 28 de febrero de 2019, en <https://www.elconfidencial.com/espana/2019-02-28/ultimo-pleno-legislatura-sanchez-rivera-ruptura_1852810/>.

13. «Polarised Spain needs to find a co-operative spirit», *Financial Times*, 25 de abril de 2019, en <https://www.ft.com/content/ec01-67cc-6691-11e9-a79d-04f350474d62>.

14. Paloma Esteban, «Rivera ratificará en la ejecutiva de Cs su hoja de ruta: "No es no" a Pedro Sánchez», *El Confidencial*, 22 de junio de 2019, en <https://www.elconfidencial.com/espana/2019-06-22/ciudadanos-no-pedro-sanchez-investidura-ejecutiva-nacional_2083342/>.

15. Jorge Bustos, «Fuego y cenizas en Ciudadanos», *El Mundo*, 25 de junio de 2019, en <https://www.elmundo.es/espana/2019/06/25/5d1132fcfdddff92438b45de.html>.

16. José Ortega y Gasset, *Vieja y nueva política*, Colección Ariel, San José de Costa Rica, Imprenta Greñas, 1915, en <http://www.repositorio.ciicla.ucr.ac.cr:8080/bitstream/handle/123456789/1190/CA-63-1915.pdf?sequence=1&isAllowed=y>.

Agradecimientos

Carlos Barragán me animó a escribir esta historia, soportó mi conversación sobre ella y luego leyó un primer borrador y me hizo valiosas sugerencias. También Jorge Galindo leyó una versión previa. La historiadora Mercedes Cabrera tuvo la amabilidad de hablar conmigo sobre la atribulada historia de los partidos centristas en España. Muchas de las personas citadas en el relato aceptaron que habláramos para recordar los hechos que cuento, a pesar de que, en algunos casos, nuestra amistad se había enfriado. Marta Valdivieso me convenció de que podía escribir en primera persona, leyó varias veces el manuscrito y eliminó una cantidad asombrosa de palabras inútiles. Pero le estoy agradecido, principalmente, por todo lo demás.